中华人民共和国交通运输部

公路工程特殊结构桥梁项目设计文件编制办法

交公路发〔2015〕69号

主编单位：中交公路规划设计院有限公司
批准部门：中华人民共和国交通运输部
实施日期：2015年08月01日

人民交通出版社股份有限公司

图书在版编目(CIP)数据

公路工程特殊结构桥梁项目设计文件编制办法／中交公路规划设计院有限公司主编. — 北京：人民交通出版社股份有限公司，2015.8
ISBN 978-7-114-12455-6

Ⅰ．①公… Ⅱ．①中… Ⅲ．①公路桥—桥梁结构—结构设计—文件—编制—中国 Ⅳ．①U448.142.5

中国版本图书馆 CIP 数据核字(2015)第 190446 号

Gonglu Gongcheng Teshu Jiegou Qiaoliang Xiangmu Sheji Wenjian Bianzhi Banfa

标准名称：	公路工程特殊结构桥梁项目设计文件编制办法
主编单位：	中交公路规划设计院有限公司
责任编辑：	李 农
出版发行：	人民交通出版社股份有限公司
地　　址：	(100011)北京市朝阳区安定门外外馆斜街 3 号
网　　址：	http://www.ccpress.com.cn
销售电话：	(010)59757973
总 经 销：	人民交通出版社股份有限公司发行部
经　　销：	各地新华书店
印　　刷：	北京市密东印刷有限公司
开　　本：	880×1230　1/16
印　　张：	3
字　　数：	65 千
版　　次：	2015 年 8 月　第 1 版
印　　次：	2016 年 1 月　第 2 次印刷
书　　号：	ISBN 978-7-114-12455-6
定　　价：	30.00 元

(有印刷、装订质量问题的图书，由本社负责调换)

中华人民共和国交通运输部文件

交公路发〔2015〕69号

交通运输部关于发布《公路工程特殊结构桥梁项目设计文件编制办法》的通知

各省、自治区、直辖市、新疆生产建设兵团交通运输厅（局、委）：

现发布《公路工程特殊结构桥梁项目设计文件编制办法》，自2015年8月1日起施行。

《公路工程特殊结构桥梁项目设计文件编制办法》的管理权和解释权归交通运输部，日常解释和管理工作由编制单位中交公路规划设计院有限公司负责。

请各有关单位注意在实践中总结经验，及时将发现的问题和修改建议函告中交公路规划设计院有限公司（地址：北京市德胜门外大街83号德胜国际中心B座407室，邮编100088），以便修订时研用。

中华人民共和国交通运输部
2015年5月6日

交通运输部办公厅　　　　　　　　　　　　　　2015年7月20日印发

前 言

根据交通运输部《关于下达2008年度公路工程标准制修订项目计划的通知》(厅公路字〔2008〕147号)的要求,中交公路规划设计院有限公司组织编制完成了《公路工程特殊结构桥梁项目设计文件编制办法》(交公路发〔2015〕69号,以下简称本办法)。

本办法对《公路工程基本建设项目设计文件编制办法》(交公路发〔2007〕358号)中未纳入的公路工程特殊结构桥梁设计文件编制提出要求。在编制过程中,编写组吸取了国内公路工程特殊结构桥梁的设计成果和有关单位的实际工程经验,广泛征求了建设、设计、管理等有关部门的意见,并经过反复讨论修改后定稿。

本办法共分7章,主要内容包括:1总则;2设计阶段;3初步设计;4技术设计;5施工图设计;6设计成果的提交;7编制说明。

各有关单位在使用过程中,若发现问题或提出意见和建议,请及时与主编单位联系(地址:北京市德胜门外大街83号德胜国际中心B座407室,邮政编码:100088,电话、传真:010—82017041,邮箱:sssohpdi@163.com),以便修订时研用。

主 编 单 位:中交公路规划设计院有限公司
主要起草人:徐国平　赵君黎　刘明虎　孔海霞　刘　高
　　　　　　冯　苊　蔡景旺　江剑虹　李　雪　刘晓娣
　　　　　　李　娜　梁　柱　王　毅

目　次

1 总则 ··· 1
2 设计阶段 ·· 3
3 初步设计 ·· 4
   3.1 目的与要求 ··· 4
   3.2 组成与内容 ··· 5
   3.3 附件 ·· 18
4 技术设计 ·· 19
   4.1 目的与要求 ··· 19
   4.2 组成与内容 ··· 19
5 施工图设计 ··· 20
   5.1 目的与要求 ··· 20
   5.2 组成与内容 ··· 21
   5.3 附件 ·· 35
6 设计成果的提交 ··· 37
7 编制说明 ·· 39

1 总则

1.0.1 本办法适用于新建独立立项的公路斜拉桥、悬索桥等特殊结构桥梁基本建设项目;新建非独立立项的特殊结构桥梁基本建设项目,设计文件编制深度和内容按本办法执行,图册编排按现行《公路工程基本建设项目设计文件编制办法》执行。

1.0.2 公路工程特殊结构桥梁设计文件是建设项目设计审批、控制投资、编制招标文件、组织施工、竣工验收和运营期检测、养护的重要依据。

1.0.3 设计文件应依据项目批准文件、公路规划、公路工程建设强制性标准编制,贯彻国家有关方针政策,符合基本建设程序、管理办法,及有关标准、规范、规程的要求,做到客观、公正、准确。

1.0.4 设计文件应列出执行的强制性标准和主要的推荐性标准。

1.0.5 设计必须贯彻全寿命周期设计理念。应遵循因地制宜,尽可能采用工厂制作、现场装配的原则;结合我国经济、技术条件,吸取国内外先进经验,积极采用新技术、新材料、新设备、新工艺;节约用地,重视环境保护,注意与其他建设工程的协调,使设计的工程建设项目取得经济、社会和环境的综合效益,做到"安全、耐久、节约、和谐"。

1.0.6 设计必须充分进行方案比选,确定合理的设计方案。各比选方案应进行同等深度的技术、经济(全寿命周期成本)、安全、耐久、节能、环保、景观、建设运营风险、应急救援等方面的比选。

1.0.7 公路工程特殊结构桥梁项目应进行总体设计。一个建设项目由两个或两个以上单位设计时,应由一个设计单位进行总体设计。总体设计单位还应协调统一文件的编制,编写总说明,绘制总体设计图,编制主要工程数量表和汇编总概(预)算。

1.0.8 公路工程特殊结构桥梁如有预留铁路、轻轨等方面要求,应做好总体设计,桥梁结构应一次设计完成。

1.0.9 工程概、预算的编制应根据设计阶段的不同要求,按照现行《公路工程基本建设项目概算预算编制办法》(JTG B06)的规定办理。

1.0.10 公路工程特殊结构桥梁宜根据工程建设需要提前开展科学技术研究,在科研的基础上开展创新活动。

1.0.11 公路工程特殊结构桥梁基本建设项目设计文件必须由具有公路特大桥甲级资质的单位设计编制。

2 设计阶段

2.0.1 公路工程特殊结构桥梁项目宜采用两阶段设计,即初步设计和施工图设计。对技术难度大、建设条件复杂的公路工程特殊结构桥梁建设项目,必要时采用三阶段设计,即初步设计、技术设计和施工图设计。

2.0.2 初步设计文件应根据批复的可行性研究报告、测设合同和初测、初勘资料编制。

技术设计文件应根据批复的初步设计、测设合同和根据需要补充的勘察资料和科学研究成果以及相关的基础资料编制。

施工图设计文件应根据批复的初步设计、测设合同和定测、详勘以及相关的基础资料编制。三阶段设计时,尚应根据批复的技术设计编制。

2.0.3 初步设计应编制设计概算,技术设计根据需要编制修正概算,施工图设计应编制施工图预算。

3 初步设计

3.1 目的与要求

3.1.1 初步设计阶段的目的是基本确定设计方案。必须根据批复的可行性研究报告，批复的通航、地震安全性评价、地质灾害性评价、环境保护、水土保持等专题报告以及测设合同的要求，拟定修建原则，选定设计方案，拟定施工方案，计算主要工程数量及主要材料数量，编制设计概算，提供文字说明及图表资料。

3.1.2 经审查批复后的初步设计文件，是订购主要材料、机具、设备，安排重大科研试验项目，征用土地、拆迁，进行施工准备，编制施工图设计文件和控制建设项目投资等的重要依据。

采用三阶段设计时，经审查批复的初步设计为编制技术设计文件的依据。

3.1.3 初步设计在选定方案时，应对桥轴线及项目路线的走向、控制点和方案进行现场核查，征求沿线地方政府、建设单位，及规划、土地、环保等相关部门的意见，基本落实项目路线布设方案。应选择两个或两个以上桥型或布孔方案并宜包括一个钢结构方案进行同等深度的方案比选，提出推荐方案。

3.1.4 初步设计应：

1 独立立项特殊结构桥梁选定桥轴线设计方案，基本确定接线位置；非独立立项特殊结构桥梁选定桥位方案，基本确定桥轴线及接线位置。

2 基本查明桥位及接线地形、地质、气象、水文、地震、矿产、航运、地下结构物、文物等情况。

3 初步查明主桥桥墩、塔墩、悬索桥锚碇等位置的工程地质、水文地质、水文情况，计算冲刷深度。

4 基本查明桥位沿线主要建筑材料的质量、储量、供应量及运输条件，并进行必要的原材料、混合料试验。

5 完成必要的专题研究。

6 独立立项特殊结构桥梁进行桥位首级控制网等测量；非独立立项特殊结构桥梁进行桥轴线纵断面等测量，宜进行桥位首级控制网测量。

7 完成项目总体方案设计。

8 基本确定主桥及引桥的桥跨布置、结构类型及主要构造尺寸。

9 基本确定桥面系、伸缩装置及排水系统等的布置、结构类型及主要构造尺寸。

10 确定桥梁桥面横向布置设计方案,基本确定接线路基标准横断面和特殊路基横断面的设计方案。

11 进行结构静、动力计算分析,提出主要计算结果和分析结论。

12 基本确定接线工程的路基、排水、防护、路面、桥梁、涵洞、隧道、路线交叉、改路改渠及其他工程的位置、形式、结构类型及主要构造尺寸等设计方案。

13 基本确定交通工程及沿线设施各项工程的位置、形式、类型及主要尺寸等设计方案。

14 基本确定全线环境保护措施。

15 基本确定桥梁景观设计方案。

16 初步拟定桥梁防撞、防雷击、航空警示、桥涵标、防洪、航道、管养附属设施等与大桥建设、运营相关的其他工程的设计方案。

17 基本确定桥梁结构耐久性措施及方案。

18 基本确定占用土地、拆迁建筑物及管线等设施的数量。

19 初步拟定推荐性施工方案及工期安排。

20 开展桥梁安全风险性评估。

21 初步拟定运营期结构安全监测方案。

22 提出下阶段需要开展的专题研究的项目。

23 计算主要工程数量。

24 计算人工及主要材料、机具、设备的数量。

25 编制设计概算。

26 经综合比选提出推荐实施方案。

3.2 组成与内容

3.2.1 初步设计文件由下列十三篇及附件组成,具体分册根据实际情况确定。

第一篇　总体设计

第二篇　主桥

第三篇　引桥

第四篇　接线

第五篇　交通工程及沿线设施

第六篇　环境保护

第七篇　景观设计

第八篇　其他工程

第九篇　结构耐久性设计

第十篇　施工方案

第十一篇　桥梁安全风险评估
第十二篇　运营期结构安全监测
第十三篇　设计概算
附件　基础资料及相关文件

其中,景观设计、其他工程、结构耐久性设计、桥梁安全风险评估及运营期结构安全监测为专项设计内容,应根据有关规定确定是否开展,并由业主按有关规定另行委托具有相关资质的单位承担。

3.2.2　第一篇　总体设计

1　总说明

1）概述

(1)简述项目地理位置及主要功能。

①示出项目在相应交通网络图中的位置及沿线主要城镇;

②项目建设在社会、经济、交通中的功能、地位和意义。

(2)扼要说明前期工作主要经过。

(3)工程可行性研究主要研究结论、批复意见及执行情况。

(4)扼要说明主要测设过程。

(5)扼要说明各设计内容的界面、设计咨询意见的落实等情况。

2）设计依据、范围及内容

(1)设计依据。

(2)设计范围,包括项目起终点、中间控制点、全长等。

(3)设计内容。

(4)设计文件组成。

3）设计标准、规范和规程

(1)设计遵守的主要标准、规范和规程。

(2)设计参考的主要标准、规范和规程。

(3)根据项目的实际情况,为本项目制定的专项设计指南或准则。

(4)工程强制性标准条文执行情况。

4）主要技术标准

(1)公路等级。

(2)行车道数。

(3)设计速度。

(4)设计使用年限。

(5)桥面净空(横向布置及宽度、净高)。

(6)纵坡。

(7)横坡。

(8)平、纵曲线半径。

(9)设计洪水频率。

(10)设计水位、最高通航水位、最低通航水位。

(11)通航孔布置及通航净空尺度。

(12)设计荷载标准。

①桥梁结构设计基准期;

②汽车荷载等级;

③抗震设防标准;

④抗风设计标准;

⑤船舶撞击力标准;

⑥其他荷载(如流水压力、冰压力、汽车撞击力、过桥管道管线等)标准。

(13)其他。

5)设计基础资料

(1)概述设计基础资料的采集情况。

(2)桥位城镇及路网的现状、规划情况。

(3)地形、地貌。

(4)测量。

①坐标系统、高程系统;

②平面控制网测量、高程控制网测量情况;

③地形、断面、工点等测量情况。

(5)气象。

①气候概况;

②桥位地区气温、降水、风、湿度、蒸发量、雾日、雷暴日、冻土深度、积雪厚度、冰冻等气象要素特征值;

③桥位风况资料,包括设计基本风速、风速风向玫瑰图等;

④主要不良气候,包括暴雨、旱涝、连阴雨、雷暴、台风、龙卷风、冰雹、飑线、寒潮、霜冻、大风、大雪、雾等不良气候的统计资料及对本项目的影响;

⑤大气状况,包括桥位区域环境空气主要污染物及其浓度、酸雨情况等。

(6)水文。

①河段特性;

②水文、潮汐特性;

③各特征水位;

④设计流速与流量;

⑤流向、波浪、泥沙等;

⑥河床自然演变冲刷深度、河床一般冲刷深度、桥墩(台)局部冲刷深度。

(7)桥区河段(海床)稳定性分析与评价。

(8)工程地质。

①区域地质构造;

②地层分布与特征;

③工程地质条件,包括工程地质分层、工程地质物理力学参数、特殊土层及不良地质条件等。

(9)水文地质。

①地下含水层组特征,包括水文地质物理力学参数;

②地下水分布及开采现状;

③水质分析及腐蚀性评价。

(10)地震。

①近场区及桥位区地震地质构造及其稳定性评价、地震活动情况及地震危险性概率分析;

②设计地震动参数,包括地震动峰值加速度、加速度反应谱及地震动加速度时程等。

(11)航运。

①航运状况;

②航道特征及等级;

③通航代表船型;

④航迹线(带)分布;

⑤其他。

(12)航空限高。

(13)防洪。

①堤防标准;

②堤防现状;

③近期岸线整治规划。

(14)桥位及接线沿线环境敏感区(点)重要设施的分布及对项目建设的影响,包括自然生态、水资源、动物、文物等保护区,电力、通信、学校、医院、军用、地震、气象、宗教等设施,矿产资源,自然及人文景观等。

(15)与耐久性设计及环境保护有关的其他相关资料。

(16)交通组成特点对项目的影响。

(17)沿线土地资源状况及对项目的影响。

(18)项目区域内公路、铁路、市政道路、航空、码头、管道管线等情况及对项目的影响。

(19)建筑材料供应、运输情况及对项目的影响。

(20)有关部门对重大问题的意见、当地居民的要求或建议。

(21)其他。

6)专题研究

(1)概述开展的专题研究工作项目、承担单位等情况。

本阶段专题研究根据项目具体情况和实际需要确定,一般包括与建设条件相关的专题研究,以及结构抗风研究、结构抗震研究、行车安全性分析评估等。

(2)扼要阐述各项专题研究工作的研究目的、主要研究内容、结论性成果及其在设计中的应用情况。

7)总体方案设计

(1)根据对项目建设条件及主要控制因素的综合分析,阐述项目设计指导思想及设计原则。

(2)根据项目功能需求,按照考虑建设、运营管理、维修养护等全过程的全寿命周期设计理念,进行总体方案的综合分析论证。

(3)桥位路线起终点及与其他公路的衔接方式。

(4)技术标准及主要技术指标的采用情况,不同技术标准之间的衔接过渡情况。

(5)桥位及接线平面总体设计方案。

(6)桥位及接线纵断面总体设计方案。

(7)桥梁及路基横断面总体设计方案。

(8)平、纵、横线形方案组合,路线行车安全性评价,总体景观效果分析比较。

(9)提出桥位及接线的路线设计推荐方案,确定主要技术指标。

(10)分析建设条件的控制及影响因素,选择主桥、引桥等的桥梁跨径,进行桥跨布置。

(11)桥型方案总体构思。

(12)占用土地情况。

(13)新技术、新材料、新设备、新工艺等的采用情况。

(14)接线、交通工程与沿线设施、环境保护等的总体方案设计,按现行《公路工程基本建设项目设计文件编制办法》规定执行。

8)主桥桥型及结构方案设计

(1)桥型方案设计原则。

(2)桥型方案。不同桥型方案的主要特点,通航孔布置、桥墩位置、塔墩位置、悬索桥锚碇位置等对建设条件的适应性和影响分析;全桥结构支承(约束)体系、总体设计技术参数、各部总体结构形式及构造尺寸、结构总体受力及抗风稳定性、施工技术可行性、经济性等方面的构思。

(3)各桥型方案结构设计。

①主梁在桥墩、索塔、悬索桥锚碇等处的各自由度支承约束条件,对悬索桥还包括主缆与索塔、锚碇的约束条件以及主缆与主梁的连接条件等;

②主梁采用的主要材料,总体结构形式及纵、横向布置,整体构造尺寸,各部结构设计方案及主要构造尺寸等;

③索塔采用的主要材料,塔身整体结构形式及造型,基础结构设计方案,整体构造尺寸,各部结构设计方案及主要构造尺寸等;

④悬索桥锚碇采用的主要材料,锚体整体结构形式及造型,锚固系统结构设计方案,整体构造尺寸,各部结构设计方案及主要构造尺寸等;

⑤斜拉桥斜拉索采用的主要材料,索距,结构形式及类型,构造尺寸,两端(索—梁、

索—塔)锚固结构设计方案及主要构造尺寸,减振措施等;

⑥主缆、吊索及索夹、主索鞍座、散索鞍座、散索夹、中央扣等采用的主要材料,吊索索距,各部结构形式及类型,各部主要构造尺寸,主缆索股锚固结构设计方案及主要构造尺寸,吊索两端(索—缆、索—梁)锚固结构设计方案及主要构造尺寸,吊索减振措施等;

⑦主桥墩、过渡桥墩、斜拉桥辅助桥墩、悬索桥转索桥墩、桥台的墩(台)身及基础的结构设计方案及主要构造尺寸;

⑧桥面结构及桥面系构造等的结构设计方案及主要构造尺寸;

⑨伸缩装置、支座、阻尼装置等控制性参数、结构设计方案及主要构造尺寸;

⑩其他。

(4)结构计算分析。桥梁总体静力分析、抗风及抗震分析计算、稳定性分析,各部受力计算及结构强度、刚度、稳定性初步验算,钢结构的疲劳强度初步验算,列出主要计算结果,得出分析结论。

(5)桥型方案比较。对建设条件的适应性、建设规模、方案可行性、技术成熟程度、抗风稳定性、抗震安全性、结构受力、景观、环境保护、安全风险性、施工及施工控制、工期、耐久性、管理养护、全寿命周期成本等方面进行综合分析比较,提出推荐意见。

9)引桥桥型及结构方案设计

(1)桥型方案设计原则。

(2)桥型方案。不同桥型方案的主要特点,对建设条件的适应性和影响分析;支承体系、各部结构形式及整体构造尺寸、结构受力、施工技术、经济性等方面的构思。

(3)各桥型方案的结构设计。

①上部结构。结构体系(支承、约束条件),主要材料,总体结构形式及纵、横向布置,桥面系,总体构造尺寸,各部结构设计方案及主要构造尺寸等;

②下部结构。主要材料,结构设计方案及主要构造尺寸;

③其他。

(4)结构计算分析。各部受力计算及结构初步验算,列出主要计算结果,得出分析结论。

(5)桥型方案比较。对建设条件的适应性、结构受力、景观、环境保护、耐久性、管理养护、风险、施工、工期、全寿命周期成本等方面进行综合分析比较,提出推荐意见。

10)接线、交通工程及沿线设施、环境保护

接线工程(路线、路基、路面、桥梁、涵洞、隧道、路线交叉、其他工程及筑路材料)、交通工程及沿线设施、环境保护等设计,执行现行《公路工程基本建设项目设计文件编制办法》。

11)景观设计

(1)设计内容与定位。

①自然、历史、文化、建筑、同类型桥梁及环境、桥位环境等背景调查分析;

②景观构成、视点分析;

③景观设计定位、主题和元素;

④景观设计内容。

(2)桥型方案景观分析与设计。

①桥梁平纵线形分析;

②主桥、辅通航孔桥(如有)、引桥的桥型方案、总体布置、跨径、拉索布置等的比选和优化。

(3)桥梁各部分构件造型设计。

(4)桥梁构件外部色彩涂装设计(如有)。

①桥梁背景的色彩调查分析;

②防腐涂装色彩方案比选;

③推荐色彩设计方案。

(5)桥梁夜景照明设计(如有)。

①桥梁夜景照明周边环境及工程特点分析;

②桥梁夜景照明目的与基本定位;

③桥梁夜景照明的构成;

④总体照明设计方案。

(6)其他景观设计。

①灯杆、防撞护栏和风障等桥面系的布置及造型方案比选与优化;

②桥头公园、海中平台等园林、建筑设计方案的比选与优化。

12)其他工程

(1)塔墩、桥墩防船撞设施结构设计方案。

(2)索塔等高耸结构防雷击设施方案。

(3)索塔等高耸结构航空警示设施方案。

(4)桥涵标设施方案。

(5)堤防工程设计方案。

(6)航道维护及通航管理设施方案。

(7)桥梁管养通道及设施方案。

(8)其他。

13)结构耐久性设计

(1)指导思想和设计原则。

(2)桥梁腐蚀环境参数调查分析、环境分区及作用等级。

(3)明确可更换件的设计使用年限。

(4)结构耐久性方案比较及推荐方案。

14)施工方案

(1)总体施工方案说明,关键工程项目的施工方案比较、论证情况,大型设备的使用情况。

(2)主要施工场地布置、大型临时工程安排的初步论证。

(3)施工标段划分建议。

(4)总体施工进度安排。

15)桥梁安全风险评估

(1)风险评估方法及技术路线。

(2)不同桥型方案在施工期间的风险分析及评估。

(3)不同桥型方案在运营期间的风险分析及评估。

(4)风险对策。

16)运营期结构安全监测

(1)根据不同桥型方案初步拟定监测系统方案。

(2)监测系统组成及功能要求。

(3)初步确定监测内容及规模。

17)全桥方案综合比选

(1)全桥方案组合。对全桥主桥、引桥(必要时包括接线)的不同方案进行组合分类。

(2)全桥方案比较和推荐意见。对全桥不同组合方案进行建设条件的适应性、建设规模、技术成熟程度、结构受力、景观、环境保护、桥梁建设方案风险性、耐久性、管理养护、施工、工期、全寿命周期成本等方面的综合分析比较,提出推荐意见。

18)设计概算

执行现行《公路工程基本建设项目设计文件编制办法》。

19)问题与建议

(1)需进一步协调、落实的问题。

(2)下阶段设计工作重点和方向。

(3)对下阶段专题研究工作的建议。

2 附图

1)桥型方案效果图

2)桥位地理位置图

示出桥梁在相应交通网络图中的位置及附近主要城镇。

3)全桥平、纵面缩图

平面缩图应示出路线(包括桥轴线及接线的比较方案)起讫点、1km 标(或 5km 标)、控制点、地形、主要城镇、与其他交通路线的关系以及县以上境界。简明示出桥梁及接线主要构造物的位置和形式。直线、曲线及断面一览表比例尺采用 1:10 000~1:50 000。

纵断面缩图一般绘于平面缩图之下,必要时也可单独绘制,简明示出主要公路、铁路、河流、桥梁及接线主要构造物等的位置、名称与高程,标注设计高程。水平比例尺与平面缩图相同或与其长度相适应,垂直比例尺采用 1:1 000~1:5 000。

4)全桥总体布置概略图

当桥梁长度较长时,根据需要绘制全桥总体布置概略图,示出各组合桥型方案全桥总体纵向布置,包括主桥、引桥的桥梁起终点桩号、跨径布置、联长布置、各部分总长及全桥长度等,标注上部结构形式。

5)桥位平面图

执行现行《公路工程基本建设项目设计文件编制办法》。比例尺采用1∶2 000。

6）各桥型方案桥型总体布置图

绘出各桥型方案的立面、平面、典型横断面和各部总体构造尺寸等。示出河床断面（山区或地形复杂的桥梁应有3条地面线）、地层属性、地质分界线、控制水位、通航净空、索塔、悬索桥锚碇及墩台的高度和基础埋置深度、桥面纵横坡度等。当为弯桥或斜桥时，还应示出桥轴线半径、水流方向及斜交角度。还应在图的下部各栏中示出里程桩号、设计高程、地面高程、坡度、坡长、竖曲线要素、直线与平曲线要素等。应对桥梁各部的结构形式及总体设计参数作必要说明。比例尺采用1∶200～1∶2 000。

7）全桥标准横断面

示出主桥、引桥、接线的标准横断面，包括车道布置、紧急停车带、路缘带、防撞护栏、灯柱等的布置。标注总体构造尺寸。

8）接线平面图

执行现行《公路工程基本建设项目设计文件编制办法》。

9）接线纵断面图

执行现行《公路工程基本建设项目设计文件编制办法》。水平比例尺与平面图一致，垂直比例尺视地形起伏情况采用1∶200、1∶500或1∶1 000。

10）桥位工程地质平面图

示出地层年代符号、地层分界线，勘探点、工程地质区划界线及地质构造，主要构造物、村镇地名，路线、比较线位置及桩号，沿线不良地质段及桩号等。比例尺采用1∶10 000～1∶100 000。

11）桥位工程地质纵断面图

示出地面高程线、钻孔编号、孔深、岩土类型界限及地质构造等。图的下部各栏示出地质概况、地貌类型，钻孔的地面高程及桩号等。图的右侧示出图例。水平比例尺采用1∶2 000～1∶100 000，垂直比例尺采用1∶200～1∶10 000。根据需要还应绘制桥梁主要工点处地质剖面图。

12）河床断面变迁图

示出多年来桥轴线河床断面变迁情况，包括河床地面线、高程、水平位置及对应统计年份等。

13）桥位高、中、低水位航迹线观测图

示出相应水位下航迹线编号、点号、航迹层号、船名、尺寸、吨位、开始时间、结束时间、船型图式及相关备注。

14）桥位高、中、低水位流迹线测量成果图

示出相应水位下流迹线编号、相应平均流速及相关备注。

15）桥梁上跨的被交公路、铁路、市政道路等的测量成果图

示出桥梁上跨的被交公路、铁路、市政道路等的平面位置、纵断面、横断面、高程及相关备注。

16）各桥型全桥主要工程材料数量汇总表

给出各桥型方案桥梁的上部结构、下部结构、主要附属工程及接线等工程材料数量。

17）推荐桥型方案桥梁主要结构一般构造图

示出推荐桥型方案桥梁的上部结构、下部结构的布置及各部构造尺寸。

18）全桥施工进度安排

给出推荐桥型方案的主桥、引桥的主要施工步骤及对应进度安排。

19）进场道路及施工场地布置示意图

给出推荐桥型方案的主桥、引桥、接线各工点的进场道路平面位置及布置、施工场地平面布置等。

20）其他涉及总体设计方面的图纸

3.2.3 第二篇 主桥

1 说明（如有）

对主桥设计的有关情况进行说明。

2 主要工程材料数量汇总表

给出上部结构、下部结构、主要附属工程的工程材料数量。

3 桥位平面布置

示出桥位主桥地形、桥梁位置、索塔、悬索桥锚碇、墩（台）位置、指北针、高程系统等。应示出桥轴线的桥梁中心线、公里及百米桩、直线或平曲线半径、缓和曲线参数，桥梁长度、桥梁中心桩号和交角。比例尺采用1:500～1:2 000。

4 工程地质平面图

示出主桥范围地层年代符号、地层分界线、勘探点、工程地质区划界线及地质构造，桥轴线位置及桩号等。比例尺采用1:500～1:2 000。

5 工程地质纵断面图

示出主桥范围地面高程线、钻孔编号、孔深、岩土类型界限及地质构造等，并在图的右侧示出图例。水平比例尺采用1:500～1:2 000，垂直比例尺采用1:20～1:500。

6 工程地质剖面图

根据项目实际情况及地质条件复杂程度，示出主桥范围桥墩、塔墩、悬索桥锚碇等处横桥向各剖面的地面高程线、钻孔编号、孔深、岩土类型界限及地质构造等，并在图的右侧示出图例。水平比例尺采用1:500～1:2 000，垂直比例尺采用1:20～1:500。

7 主桥桥型布置

绘出主桥的立面、平面、典型横断面和各部总体构造尺寸等。内容与各桥型方案桥型总体布置图相同。

8 桥面横向布置

示出主桥的标准横断面布置，包括车道布置、紧急停车带、路缘带、防撞护栏、灯柱等的布置。

9 主要结构一般构造（含钢结构构造）

示出主桥的各部主要结构的布置及构造尺寸，并列出相应材料数量。

对于建设条件复杂、结构复杂、对全桥技术经济影响较大的主要结构，应进行多方案同深度设计，相应示出构造尺寸，并列出材料数量。

对悬索桥桥型方案，各部主要结构包括：锚碇（含锚固系统）、索塔、缆索系统（包括主缆、吊索及索夹、主鞍座、散索鞍座、散索套等）、主梁（加劲梁）、墩台等。

对斜拉桥桥型方案，各部主要结构包括：索塔、主梁、斜拉索及其两端锚固、墩台等。

10　主要结构预应力布置

示出主桥的各部主要结构的预应力布置及尺寸，并列出相应材料数量。必要时，应进行多方案同深度设计比较。

主要预应力结构包括：预应力主梁、悬索桥主缆预应力锚固系统、索塔预应力横梁、索塔预应力锚固区及其他预应力构件等。

11　主要附属结构总体布置及构造

示出主桥的主要附属结构的布置及总体构造尺寸，并列出相应材料数量。必要时，应进行多方案同深度设计比较。主要包括：支座、阻尼装置、伸缩装置、检查车等。

12　桥面系总体布置及构造

示出主桥的桥面系总体布置及总体构造尺寸，并列出相应材料数量。

13　支承体系布置

示出主桥的主梁在桥墩（台）、索塔、悬索桥锚碇处的各支承约束布置，对悬索桥还包括主缆与索塔、锚碇的约束条件以及主缆与主梁的连接条件布置等。

3.2.4　第三篇　引桥

1　说明（如有）

对引桥设计情况进行说明。

2　主要工程材料数量汇总表

给出上部结构、下部结构、主要附属工程的工程材料数量。

3　桥位平面图

4　工程地质平面图

5　工程地质纵断面图

6　桥型布置

7　桥面横向布置

8　主要结构一般构造（含钢结构构造）

示出引桥的上、下部主要结构的布置及构造尺寸，并列出相应材料数量。

对于建设条件复杂、结构复杂、对全桥技术经济影响较大的主要结构，应进行多方案同深度设计，相应示出构造尺寸，并列出材料数量。

9　主要结构预应力布置

示出引桥的上、下部主要结构的预应力布置及尺寸，并列出相应材料数量。必要时，应进行多方案同深度设计比较。

10　主要附属结构总体布置及构造

11　桥面系总体布置及总体构造

12　支承体系布置

3.2.5　第四篇～第六篇

第四篇　接线

第五篇　交通工程及沿线设施

第六篇　环境保护

执行现行《公路工程基本建设项目设计文件编制办法》。

3.2.6　第七篇　景观设计

1　说明

1）环境调查

包括桥梁所处地区自然、历史、文化、建筑等背景调查与分析，同类型桥梁或环境调查与分析，桥位环境调查与分析，分析桥梁景观构成，及桥梁主要视点的选择与分析等。

2）景观设计的原则与定位

3）设计主题与元素

确定大桥的景观主题，在此主题下提出设计元素，确定桥梁景观设计内容。

4）桥梁总体线形景观设计

进行桥梁平面、纵断面线形组合分析，优化项目总体线形设计。

5）桥型方案景观分析与设计

根据环境特点，从景观的角度，对主桥、引桥的桥型方案、总体布置、跨径、拉索布置等进行比选与优化。

6）桥梁构件造型优化设计

7）桥梁构件外部色彩涂装设计

根据实际需要进行桥梁背景的色彩调查分析，开展桥梁主要外露构件的防腐涂装色彩方案比选，推荐色彩设计方案。

8）夜景照明景观设计

根据实际需要开展桥梁夜景照明周边环境及工程特点分析，确定夜景照明目的、基本定位和构成，确定总体照明设计方案。

9）其他景观设计

包括灯杆、防撞护栏、风障等的布置及造型方案比选与优化，及桥头公园、海中平台等园林、建筑设计方案的比选与优化。

2　附图

1）桥型方案多视点景观效果图

2）其他有关图纸

3.2.7 第八篇 其他工程

对墩（塔）的防撞设施、索塔的防雷击设施、航空警示设施、桥涵标、堤防工程、航道维护及通航管理、桥梁管养通道及设施等进行总体布置，并计算工程数量。

1 主要工程材料数量
2 总体布置
3 总体结构方案及构造

3.2.8 第九篇 结构耐久性设计

1 说明
1）指导思想和设计原则
2）桥梁腐蚀环境参数调查分析、环境分区及作用等级
3）桥梁设计使用年限、可更换件设计使用年限
4）结构耐久性方案比较及推荐方案
5）结构耐久性措施工程数量
6）其他

2 附图

耐久性设计有关图纸。

3.2.9 第十篇 施工方案

根据项目的实际情况和需要编制图册。当桥梁施工技术成熟、施工方案简单、施工大型临时设施较少时，可不单独编制成册，相应内容可分别列入第二篇 主桥、第三篇 引桥、第四篇 接线等图册中。

1 施工大型临时设施总体布置

示出各桥型方案施工大型临时设施（钢围堰、钢套箱、施工栈桥、施工便道、临时码头等）的总体布置。

2 施工大型临时设施方案设计

示出各桥型方案重要施工大型临时设施的设计方案，并列出主要材料数量。必要时，应进行多方案同深度设计比较。

3 主桥主要结构施工方案及流程

示出主桥各桥型方案主要结构施工方案及主要步骤、上部结构安装流程等。

4 主桥施工场地布置

给出主桥各桥型方案各工点的进场道路平面位置及布置、施工场地平面布置示意等。

5 主桥施工进度安排

给出主桥各桥型方案的主要施工步骤及对应进度安排。

6 引桥施工方案及流程
7 引桥施工场地布置
8 引桥施工进度安排

9 其他工程施工方案及流程
10 接线施工方案
执行现行《公路工程基本建设项目设计文件编制办法》。
11 全桥施工进度安排

3.2.10 第十一篇 桥梁安全风险评估
执行现行《公路桥梁和隧道工程设计安全风险评估指南(试行)》。

3.2.11 第十二篇 运营期结构安全监测
1 说明
1) 监测内容及规模
2) 系统总体框架
3) 传感器总体布置
4) 数据采集站总体布置
5) 系统采集与传输方案
6) 主要设备与材料数量
2 附图
运营期结构安全监测设计有关图纸。

3.2.12 第十三篇 设计概算
按现行《公路工程基本建设项目概算预算编制办法》(JTG B06)、《公路工程概算定额》(JTG/T B06-01)及其他相关规定执行。

3.3 附件

3.3.1 基础资料
1 平面控制网测量、高程控制网测量资料
2 地质勘察报告和地震动参数复核资料
3 气象观测与计算资料
4 水文调查与计算资料
5 原有桥梁及相关工程的检测结果及评估报告(如有)
6 其他专题研究成果资料等

3.3.2 相关文件
可行性研究报告批复意见、测设合同的必要内容、有关部门(各级政府及地震、环保、土地、水保、水利、航务、海洋、渔业等主管部门)的批文及协议、评审意见、纪要等复印件,可行性研究阶段及本阶段专题研究报告的主要内容与结论摘录汇编等。

4 技术设计

4.1 目的与要求

4.1.1 技术设计阶段应根据初步设计批复意见、测设合同的要求,对重大、复杂的关键技术问题进一步研究,解决初步设计中的若干技术难题,优化修建原则、落实技术方案,批准后作为编制施工图设计的依据。

4.1.2 技术设计应:
1 对初步设计阶段难于确定的关键技术问题,进行深入的方案研究。
2 补充必要的通航、地质、水文、气象、地震和地质钻探资料。
3 进行必要的试验研究及结构分析计算,提出科学实验成果、研究报告。
4 基本确定设计方案。
5 提出修正的施工方案。
6 计算工程数量。
7 编制修正概算。

4.2 组成与内容

4.2.1 技术设计文件应根据本办法第 4.1.2 条的要求,参照本办法第 3.2 节或第 5.2 节的有关规定编制。

5 施工图设计

5.1 目的与要求

5.1.1 两阶段(或三阶段)施工图设计应根据初步设计、技术设计(若有)批复意见、测设合同,进一步对所审定的修建原则、设计方案、技术决定加以具体和深化,最终确定各项工程材料数量,提出文字说明和适应施工需要的图表资料以及施工组织计划,并编制施工图预算。

5.1.2 施工图设计应:
1 确定桥轴线及设计方案,确定接线位置。
2 详细查明桥位及接线地形、气象、水文、地质、地震、矿产、航运、地下结构物、文物等情况。
3 详细查明主桥桥墩、塔墩、悬索桥锚碇等位置的工程地质、水文地质、水文情况,确定冲刷深度。
4 详细查明桥位沿线主要建筑材料的质量、储量、供应量及运输条件,并进行原材料的试验。
5 补充完成必要的专题研究。
6 独立立项特殊结构桥梁进行桥位首级控制网复测,非独立立项特殊结构桥梁进行桥位首级控制网测量等详测工作。
7 详细确定项目的总体设计。
8 确定主桥的设计方案、结构类型及施工详图。
9 确定引桥的设计方案、结构类型及施工详图。
10 确定桥梁桥面系、伸缩装置及排水的施工详图。
11 确定桥梁桥面横向布置、接线路基标准横断面和特殊路基横断面。
12 进行详细的结构静、动力计算分析,提出详细计算结果和分析结论。
13 确定接线工程的路基、路面、防护、排水、桥梁、涵洞、隧道、路线交叉、改路改渠及其他工程的设计方案、结构类型及施工详图。
14 确定交通工程及沿线设施各项工程的施工详图。
15 确定全线环境保护措施及实施方案。
16 确定桥梁景观设计实施方案。
17 确定桥梁防撞、防雷击、航空警示、桥涵标、防洪、航道、管养附属设施等与大桥建设、运营相关的其他工程的设计方案及施工详图。
18　确定桥梁结构耐久性设计措施及实施方案。
19　确定占用土地、拆迁建筑物及管线等设施的数量。
20　提出设计施工方案及组织计划,对各部分结构提出详细的施工要求和注意事项。
21　明确施工监控及运营期结构安全监测要求。
22　提出施工期间需要开展的专题研究内容。
23　编制桥梁用户手册。
24　计算各项详细工程数量。
25　提出人工数量及主要材料、机具、设备的规格及数量。
26　编制施工图预算。

5.2　组成与内容

5.2.1　施工图设计文件由下列内容按顺序组成,具体分册根据实际情况确定。
第一篇　总体设计
第二篇　主桥
第三篇　引桥
第四篇　接线
第五篇　交通工程及沿线设施
第六篇　环境保护
第七篇　景观设计
第八篇　其他工程
第九篇　结构耐久性设计
第十篇　施工方案及组织计划
第十一篇　施工监控及运营期结构安全监测
第十二篇　桥梁用户手册
第十三篇　施工图预算
附件　基础资料及相关文件

其中,景观设计、结构耐久性设计、施工监控及运营期结构安全监测、桥梁用户手册属专项设计内容,应根据有关规定确定是否开展,并由业主按有关规定另行委托具有相应资质的单位承担。

5.2.2　第一篇　总体设计
1　总说明
1)概述
(1)项目地理位置及主要功能。
(2)前阶段工作概述。

(3)初步设计、技术设计(若有)批复意见的执行情况;对初步设计、技术设计(若有)所拟定的修建原则、设计方案、技术决定等,如有变更时应说明其变更理由和依据。

(4)扼要说明主要测设过程。

(5)设计咨询意见的落实情况。

2)设计依据、范围及内容

(1)设计依据。

(2)设计范围。

(3)设计内容。

(4)设计文件组成。

3)设计标准、规范和规程

(1)设计遵守的主要标准、规范和规程。

(2)设计参考的主要标准、规范和规程。

(3)项目专项设计指南或准则。

(4)工程强制性标准条文执行情况。

4)主要技术标准

(1)公路等级。

(2)行车道数。

(3)设计速度。

(4)设计使用年限。

(5)桥面净空。

(6)纵坡。

(7)横坡。

(8)平、纵曲线半径。

(9)设计洪水频率。

(10)设计水位、最高通航水位、最低通航水位。

(11)通航孔布置及通航净空尺度。

(12)设计荷载标准。

①设计基准期;

②汽车荷载等级;

③抗震设防标准;

④抗风设计标准;

⑤船舶撞击力标准;

⑥其他荷载(如流水压力、冰压力、汽车撞击力、过桥管道管线等)标准。

(13)其他。

5)设计基础资料

(1)概述设计基础资料的采集情况。

(2)桥位城镇及路网的现状、规划情况。

(3)地形、地貌。

(4)测量。

①坐标系统、高程系统；

②平面控制网测量、高程控制网测量情况；

③地形、断面、工点等测量情况。

(5)气象。

①气候概况；

②桥位地区气温、降水、风、湿度、蒸发量、雾日、雷暴日、冻土深度、积雪厚度、冰冻等气象要素特征值；

③桥位风况资料，包括设计基本风速、风速风向玫瑰图等；

④主要不良气候，包括暴雨、旱涝、连阴雨、雷暴、台风、龙卷风、冰雹、飑线、寒潮、霜冻、大风、大雪、雾等不良气候的统计资料及对本项目的影响；

⑤大气状况，包括桥位区域环境空气主要污染物及其浓度、酸雨情况等。

(6)水文。

①河段特性；

②水文、潮汐特性；

③各特征水位；

④设计流速与流量；

⑤流向、波浪、泥沙等；

⑥河床自然演变冲刷深度、河床一般冲刷深度、桥墩(台)局部冲刷深度。

(7)桥区河段(海床)稳定性分析与评价。

(8)工程地质。

①区域地质构造；

②地层分布与特征；

③工程地质条件，包括工程地质分层、工程地质物理力学参数、特殊土层及不良地质条件等。

(9)水文地质。

①地下含水层组特征，包括水文地质物理力学参数；

②地下水分布及开采现状；

③水质分析及腐蚀性评价。

(10)地震。

①近场区及桥位区地震地质构造及其稳定性评价、地震活动情况及地震危险性概率分析；

②设计地震动参数，包括地震动峰值加速度、加速度反应谱及地震动加速度时程等。

(11)航运。

①航运状况；

②航道特征及等级；

③通航代表船型；
④航迹线（带）分布；
⑤其他。
(12)航空限高。
(13)防洪。
①堤防标准；
②堤防现状；
③近期岸线整治规划。
(14)桥位及接线沿线环境敏感区（点）重要设施的分布及对项目建设的影响，包括自然生态、水资源、动物、文物等保护区，电力、通信、学校、医院、军用、地震、气象、宗教等设施，矿产资源，自然及人文景观等。
(15)与耐久性设计及环境保护有关的其他相关资料。
(16)交通组成特点对项目的影响。
(17)沿线土地资源状况及对项目的影响。
(18)项目区域内公路、铁路、市政道路、航空、码头、管道管线等情况及对项目的影响。
(19)建筑材料供应及运输条件。
(20)有关部门对重大问题的意见、当地居民的要求或建议。
(21)其他。

6）专题研究

(1)概述开展的专题研究工作情况。

主要包括初步设计阶段延续的未最终完成的专题、施工图设计阶段新开展的相关专题、施工期间拟开展专题的工作要求。

(2)扼要阐述各项专题研究成果及其在设计中的应用情况。

7）总体方案

(1)桥轴线及接线平面设计。
(2)桥轴线及接线纵断面设计。
(3)桥梁及路基横断面设计。
(4)桥梁跨径布置。
(5)新技术、新材料、新设备、新工艺的采用情况。
(6)接线、交通工程与沿线设施、环境保护等的总体设计，按现行《公路工程基本建设项目设计文件编制办法》规定执行。

8）主桥设计

(1)结构设计。

①全桥结构支承（约束）体系，包括主梁在桥墩、索塔、悬索桥锚碇等处的各自由度支承约束条件，对悬索桥还包括主缆在索塔、锚碇的约束条件，主缆与主梁的连接条件；

②主梁采用的主要材料，结构形式及纵、横向布置，整体构造尺寸，各部构造尺寸等；

③索塔采用的主要材料,塔身结构形式,基础结构形式,整体构造尺寸,各部构造尺寸等;

④悬索桥锚碇采用的主要材料,锚体结构形式,锚固系统结构构造,整体构造尺寸,各部构造尺寸等;

⑤斜拉桥斜拉索采用的主要材料,索距,结构形式及类型,构造尺寸,两端锚固结构的构造尺寸,减振措施等;

⑥悬索桥缆索系统中主缆、吊索及索夹、主索鞍座、散索鞍座、散索夹、中央扣等采用的主要材料,吊索索距,各部结构形式及类型,各部构造尺寸,主缆索股锚固构造尺寸,吊索两端锚固结构的构造尺寸,吊索减振措施等;

⑦主桥墩、过渡桥墩、斜拉桥辅助桥墩、悬索桥转索桥墩、桥台等墩(台)身及基础的构造尺寸;

⑧桥面结构及桥面系构造等的构造尺寸;

⑨伸缩装置、支座、阻尼装置、电梯、检修平台、检修通道等的构造尺寸;

⑩其他。

(2)结构计算分析。

桥梁总体静力详细分析、抗风及抗震详细分析、稳定性详细计算,各部受力计算及结构强度、刚度、稳定性详细验算,钢结构疲劳强度详细验算,列出主要计算结果和分析结论。

9)引桥设计

(1)结构设计。

①上部结构体系(支承、约束条件),主要材料,结构形式及纵、横向布置,桥面系,总体构造尺寸,各部构造尺寸等;

②下部结构主要材料、构造尺寸等;

③其他。

(2)结构计算分析。

桥梁总体静力详细分析、抗震详细分析,各部受力计算及结构强度、刚度、稳定性详细验算,钢结构疲劳强度详细验算,列出主要计算结果和分析结论。

10)接线、交通工程及沿线设施、环境保护

接线工程(路线、路基、路面、桥梁、涵洞、隧道、路线交叉、其他工程、筑路材料)、交通工程及沿线设施、环境保护,执行现行《公路工程基本建设项目设计文件编制办法》。

11)景观设计(如有)

(1)概况。

(2)桥型及结构方案建筑美学、景观分析与设计。

(3)桥梁色彩设计。

(4)桥梁照明及夜景设计。

(5)防撞栏杆、灯杆等桥面系的景观。

(6)其他。

12) 其他工程

根据项目实际情况确定如下具体项目：

(1) 桥墩(塔)防船撞设施的主要结构构造。

(2) 索塔等高耸结构防雷击设施的主要结构构造。

(3) 索塔等高耸结构航空警示设施的主要结构构造。

(4) 桥涵标设施结构的主要结构构造。

(5) 堤防工程的主要结构构造。

(6) 航道维护及通航管理设施。

(7) 桥梁管养通道及设施。

(8) 其他。

13) 结构耐久性设计

(1) 设计原则。

(2) 桥梁腐蚀环境参数、环境分区及作用等级。

(3) 明确可更换件设计使用年限。

(4) 混凝土结构耐久性设计。

(5) 钢结构耐久性设计。

(6) 耐久性设计的维护管理。

(7) 其他。

14) 施工方案及组织计划

(1) 施工实施方案。

①主桥施工实施方案及流程；

②引桥施工方案及流程；

③其他工程施工方案及流程(如有)。

(2) 主要施工场地布置。

①主桥施工场地布置；

②引桥施工场地布置；

③其他工程施工场地布置(如有)。

(3) 大型临时设施设计及布置。

(4) 施工标段划分。

(5) 施工进度安排。

①主桥施工进度安排；

②引桥施工进度安排；

③其他工程施工进度安排(如有)；

④总体施工施工进度安排。

15) 施工监控及运营期结构安全监测

(1) 施工监控。

①施工监控目标；

②施工控制参数。

(2)运营期结构安全监测。

①监测系统涵盖范围；

②监测系统设计思路与目标；

③监测系统总体设计方案；

④各系统组成及功能要求。

16)运营期管理养护

(1)桥梁运营主要设备。

(2)桥梁日常检查内容。

(3)桥梁定期检查内容。

(4)桥梁各部位养护的要求。

(5)桥梁非永久构件更换施工要求。

17)施工图预算

(1)主要费用说明及有关费率、费用的取定依据。

(2)预算结果。

2 总体设计图

1)全桥平、纵面缩图

平面缩图应示出路线起讫点、1km标(或5km标)、控制点、地形、主要城镇、与其他交通路线的关系以及县以上境界。简明示出桥梁及接线主要构造物的位置和形式。直线、曲线及断面一览表比例尺采用1:10 000~1:50 000。

纵断面缩图一般绘于平面缩图之下，必要时也可单独绘制，简明示出主要公路、铁路、河流、桥梁及接线主要构造物等的位置、名称与高程，标注设计高程。水平比例尺与平面缩图相同或与其长度相适应，垂直比例尺采用1:1 000~1:5 000。

2)全桥总体布置概略图

当桥梁长度较长时，根据需要绘制全桥总体布置概略图，示出各组合桥型方案全桥总体纵向布置，包括主桥、引桥的桥梁起终点桩号、跨径布置、联长布置、各部分总长及全桥长度等，标注上部结构形式。

3)桥位平面图

执行现行《公路工程基本建设项目设计文件编制办法》。比例尺采用1:2 000。

4)桥型总体布置图

绘出桥梁立面、平面、典型横断面和各部总体构造尺寸等。在纵断面图中示出桥梁结构物的孔跨布置、外形轮廓，通航净空、通航水位、河床断面(山区或地形复杂的桥梁应有3条地面线)、地层属性、地质分界线、钻孔位置及编号、特征水位、冲刷深度，索塔、悬索桥锚碇及墩台的编号、高度及基础埋置深度、各部总体尺寸和高程，弯桥或斜桥尚应示出桥轴半径、水流方向和斜交角度。在平面图中示出桥面、中央分隔带布置、典型基础平面布置，标出桥宽。在下部各栏里列出各墩位及控制点的里程桩号、设计高程、地面高程、坡度、坡长、竖曲线要素、直线与平曲线要素等。应对桥梁各部的结构形式及总体设计参数作必要说明,明确采用的平面及高程系统。比例尺采用 1:200～1:2 000。

5)全桥标准横断面

示出主桥、引桥、接线的标准横断面,包括车道布置、紧急停车带、路缘带、防撞护栏、灯柱等的布置、桥(路)面铺装的组成、设计高程的位置、横坡等。标注总体构造尺寸。

6)接线平面图

执行现行《公路工程基本建设项目设计文件编制办法》。

7)接线纵断面图

执行现行《公路工程基本建设项目设计文件编制办法》。水平比例尺与平面图一致,垂直比例尺视地形起伏情况采用 1:200、1:500 或 1:1 000。

8)桥位工程地质平面图

示出地层年代符号、地层分界线,勘探点、工程地质区划界线及地质构造,主要构造物、村镇地名,路线位置及桩号,桥梁基础位置及编号,沿线不良地质段及桩号等。比例尺采用 1:500～1:2 000。

9)桥位工程地质纵断面图

示出地面高程线、钻孔编号、孔深、岩土类型界限及地质构造等。图的下部各栏示出地质概况、地貌类型,钻孔的地面高程及桩号等。图的右侧示出图例。水平比例尺采用 1:500～1:2 000,垂直比例尺采用 1:20～1:500。根据需要还应绘制桥梁主要工点处地质剖面图。

10)全桥主要工程材料数量表

给出主桥、引桥的索塔、悬索桥锚碇、上部结构、下部结构、主要附属工程及接线的工程材料数量。

11)主桥主要结构一般构造图

示出主桥的索塔、悬索桥锚碇、上部结构、下部结构的布置及各部构造尺寸。

12)引桥主要结构一般构造图

示出引桥的上部结构、下部结构的布置及各部构造尺寸。

13)全桥施工进度安排

给出主桥、引桥的主要施工步骤及对应进度安排。

14)进场道路及施工场地布置图

给出主桥、引桥、接线各工点的进场道路平面位置及布置、施工场地平面布置等。

15)其他涉及总体设计方面的图纸

5.2.3 第二篇 主桥

1 说明

1)本册设计范围及内容

2)初步设计(或技术设计)批复意见执行情况

3)设计依据

4)设计标准、规范和规程

5) 主要技术标准及新技术、新材料、新设备、新工艺的采用情况

6) 主要材料

7) 结构设计要点说明

8) 结构计算分析说明

9) 施工方法、工艺及注意事项

10) 其他

2 主要工程材料数量汇总表

给出索塔、悬索桥锚碇、上部结构、下部结构及附属工程的工程材料数量。

3 桥位平面布置

示出桥位主桥地形、桥梁位置、索塔、悬索桥锚碇、墩(台)位置、指北针、高程系统等。应示出桥轴线的桥梁中心线、公里及百米桩、直线或平曲线半径、缓和曲线参数,桥梁长度、桥梁中心桩号和交角。比例尺采用1:500～1:2 000。

4 工程地质剖面图

对于重要且复杂的基础工程或地下工程,根据项目实际情况及地质条件复杂程度,示出该工点范围各向剖面的地面高程线、钻孔编号、孔深、岩土类型界限及地质构造等。水平比例尺采用合适值。

5 桥型布置图

绘出主桥的立面、平面、典型横断面和各部总体构造尺寸等。内容与桥型总体布置图相同。

6 桥面横向布置

示出主桥标准横断面,包括车道布置,紧急停车带、路缘带、防撞护栏、灯柱等的布置,桥面铺装的组成,设计高程的位置,横坡等。标注构造尺寸。

7 基础坐标表

给出基础中心、桩位和其他特征点的坐标,明确所采用的坐标系统。

8 结构一般构造图

示出主桥上部结构、下部结构及其相关附属构造的细部结构设计图及构造尺寸,并列出相应材料数量。

对悬索桥桥型方案,各部结构包括:锚碇(含锚固系统)、索塔、缆索系统(包括主缆、吊索及索夹、主鞍座、散索鞍座、散索套等)、主梁(加劲梁)、墩台以及各分项工程的附属构造等。

对斜拉桥桥型方案,各部结构包括:索塔、主梁、斜拉索及其两端锚固、墩台以及各分项工程的附属构造等。

9 结构预应力布置及构造图

对主桥上部结构、下部结构及其相关附属构造的预应力结构(构件),在结构一般构造轮廓图中绘出预应力布置的立面(或纵断面)、平面、横断面图,线形较复杂的应给出预应力线形参数及坐标表,并示出预应力编号、规格,列出单根长度、数量及质量,预应力管道规格及尺寸等。

绘出预应力配套构造(锚固、定位、防护,对体外束还包括转束、减振、防腐等)的详细构造及尺寸,并列出相应材料数量。

主要预应力结构(构件)包括:预应力主梁、悬索桥主缆预应力锚固系统、索塔预应力横梁、索塔预应力锚固区及其他预应力构件等。

10　结构钢筋构造图

对主桥上部结构、下部结构及其相关附属构造的混凝土结构(构件),绘出钢筋布置及构造图,示出钢筋编号、规格、布置间距及根数,在钢筋明细表中列出钢筋编号、规格、每根长、根数、总长、质量。在数量表中按照种类与不同规格给出主要材料的小计与合计数量。

11　钢结构构造图

对主桥上部结构、下部结构及其相关附属构造的钢结构(构件),示出钢结构构造,包括整体结构布置、连接细部(如焊接、螺栓连接)、各板件大样图等。整体结构布置包括结构物立面、平面、侧面图,图中应示出各板件的编号、名称、尺寸标注。示出连接细部构造,包括焊缝类型及尺寸,并给出主要工艺要求、螺栓的规格等;板件大样图应给出板厚、尺寸、质量等。材料明细表中给出编号、规格、件数、单件质量、总质量等。

12　附属结构布置及构造图

示出主桥附属结构的布置及详细构造尺寸,并列出相应材料数量。主要包括:支座、阻尼装置、限位装置、伸缩装置、检查车等。

13　桥面系布置及构造图

示出主桥桥面系总体布置及详细构造尺寸,并列出相应材料数量。

14　支承体系布置

绘出主桥支座、各种约束及限位装置的布置、规格及数量。

15　成桥线形图

给出桥梁结构成桥状态的线形图及参数表。

16　预拱度图

17　其他图纸

5.2.4　第三篇　引桥

1　说明

1)本册设计范围及内容

2)初步设计(或技术设计)批复意见执行情况

3)设计依据

4)设计标准、规范和规程

5)主要技术标准及新技术、新材料、新设备、新工艺的采用情况

6)主要材料

7)结构设计要点说明

8)结构计算分析说明

9）施工方法、工艺及注意事项

10）其他

2 主要工程材料数量汇总表

给出引桥上部结构、下部结构及附属工程的工程材料数量。

3 桥位平面布置

示出桥位引桥地形、桥梁位置、墩（台）位置、指北针、高程系统等。应示出桥轴线的桥梁中心线、公里及百米桩、直线或平曲线半径、缓和曲线参数，桥梁长度、桥梁中心桩号和交角。比例尺采用1:500~1:2 000。

4 工程地质剖面图

对于重要且复杂的基础工程，根据项目实际情况及地质条件复杂程度，示出该工点范围各向剖面的地面高程线、钻孔编号、孔深、岩土类型界限及地质构造等。水平比例尺采用合适值。

5 桥型布置图

绘出引桥的立面、平面、典型横断面和各部总体构造尺寸等。内容与桥型总体布置图相同。

6 桥面横向布置

示出引桥标准横断面，包括车道布置，紧急停车带、路缘带、防撞护栏、灯柱等的布置，桥面铺装的组成，设计高程的位置，横坡等。标注构造尺寸。

7 基础坐标表

给出基础中心、桩位和其他特征点的坐标，明确所采用的坐标系统。

8 结构一般构造图

示出引桥上部结构、下部结构及其相关附属构造的细部结构设计图及构造尺寸，并列出相应材料数量。

9 结构预应力布置及构造图

对引桥上部结构、下部结构及其相关附属构造的预应力结构（构件），在结构一般构造轮廓图中绘出预应力布置的立面（或纵断面）、平面、横断面图，线形较复杂的应给出预应力线形参数及坐标表，并示出预应力编号、规格，列出单根长度、数量及质量、预应力管道规格及尺寸等。

绘出预应力配套构造的详细构造及尺寸，并列出相应材料数量。

10 结构钢筋构造图

对引桥上部结构、下部结构及其相关附属构造的混凝土结构（构件），绘出钢筋布置及构造图，示出钢筋编号、规格、布置间距及根数，在钢筋明细表中列出钢筋编号、规格、每根长、根数、总长、质量。在数量表中按照种类与不同规格给出主要材料的小计与合计数量。

11 钢结构构造图

对引桥上部结构、下部结构及其相关附属构造的钢结构（构件），示出钢结构构造，包括整体结构布置、连接细部（如焊接、螺栓连接）、各板件大样图等。整体结构布置包括结构物立面、平面、侧面图,图中应示出各板件的编号、名称、尺寸标注。连接细部构造包括示出焊缝类型及尺寸并给出主要工艺要求、螺栓的规格等;板件大样图应给出板厚、尺寸、质量等。材料明细表中给出编号、规格、件数、单件质量、总质量等。

12 附属结构布置及构造图

示出引桥的附属结构的布置及详细构造尺寸,并列出相应材料数量。主要包括:支座、阻尼装置、限位装置、伸缩装置等。

13 桥面系布置及构造图

示出引桥桥面系总体布置及详细构造尺寸,并列出相应材料数量。

14 支承体系布置

绘出引桥支座、各种约束及限位装置的布置、规格及数量。

15 预拱度图

16 其他图纸

5.2.5 第四篇~第六篇

第四篇 接线

第五篇 交通工程及沿线设施

第六篇 环境保护

执行现行《公路工程基本建设项目设计文件编制办法》。

5.2.6 第七篇 景观设计(如有)

1 说明

1)桥型及结构方案建筑美学、景观分析与设计

(1)桥梁总体线形景观设计。

桥梁平面、纵断面线形组合分析与设计。

(2)主桥、引桥构成形态、主要结构造型分析与设计。

外露主要结构(包括索塔、悬索桥锚碇的锚体、桥墩、主梁、桥面系等)造型分析与设计。

(3)桥梁结构过渡细部景观处理。

2)桥梁色彩设计(如有)

(1)桥梁背景的色彩的调查分析。

(2)防腐涂装色彩方案设计。

(3)色彩设计方案。

3)桥梁照明及夜景设计(如有)

(1)桥梁夜景照明周边环境及工程特点分析。

(2)桥梁夜景照明目的与基本定位。

(3)桥梁夜景照明的构成。

(4)总体照明设计方案。

4）防撞栏杆、灯杆等桥面系的景观
5）其他特殊景观设计
2　附图
1）桥型方案景观效果图
2）其他有关图纸

5.2.7　第八篇　其他工程

根据项目实际情况确定具体项目，如塔（墩）防撞设施、桥梁防雷设施、航空警示灯、桥涵标、航道维护及通航管理设施、桥梁管养通道设施及堤防工程等。

1　说明
2　主要工程材料数量汇总表
3　总体布置
4　结构一般构造
5　各结构细部构造尺寸及钢筋构造图
6　预埋件详细构造图

5.2.8　第九篇　结构耐久性设计

1　说明
1）指导思想和设计原则
2）桥梁腐蚀环境参数调查分析、环境分区及作用等级
3）可更换件设计使用年限
4）混凝土结构耐久性设计
（1）明确混凝土原材料、配合比、施工质量控制耐久性设计技术要求等。
（2）明确混凝土结构耐久性设计构造技术要求。
（3）明确混凝土结构预应力体系耐久性设计技术要求。
（4）明确混凝土结构钢筋耐久性设计技术要求。
（5）确定混凝土结构附加防腐蚀措施及设计方案，明确技术要求。
（6）确定混凝土结构耐久性设计主要工程材料用量。
5）钢结构耐久性设计
（1）明确钢材性能、施工质量控制耐久性设计技术要求。
（2）确定钢结构构件附加耐久性措施及设计方案。
（3）确定钢结构耐久性设计主要工程材料用量。
6）耐久性设计的维护管理
（1）耐久性设计监测系统的布设。
（2）耐久性设计效果评估。
（3）根据耐久性设计评估结果，进行耐久性再设计。
7）其他

构件间的连接件、预留预埋件的耐久性设计。

2　附图

耐久性设计有关图纸。

5.2.9　第十篇　施工方案及组织计划

根据项目的实际情况和需要编制图册。当桥梁施工技术比较成熟、施工方案比较简单、施工大型临时设施较少时,本部分内容可不单独编制成册,相应内容可分别列入主桥、引桥、接线等图册中。

1　说明

(1)初步设计、技术设计(若有)批复意见执行情况概述。

(2)主要工程施工方法、工期、进度及措施说明。

(3)主要材料来源、运输方案及临时工程布置说明。

(4)对特殊建设条件如缺水、风沙、高原、严寒、酷热以及冬季、雨季施工所采取的措施说明。

(5)对施工准备工作的建议。

2　附图

1)施工大型临时设施总体布置

示出施工大型临时设施(钢围堰、钢套箱、施工栈桥、施工便道、临时码头等)的总体布置。

2)施工大型临时设施结构设计

示出重要施工大型临时设施(如钢围堰)的结构构造及详细尺寸,计列工程材料数量。

3)主桥主要结构施工方案及流程

示出主桥主要结构施工方案及主要步骤、上部结构安装流程等。

4)主桥施工场地布置

给出主桥各工点的进场道路平面位置及布置、施工场地平面布置等。

5)主桥施工进度安排

给出主桥的主要施工步骤及对应进度安排。

6)引桥施工方案及流程

7)引桥施工场地布置

8)引桥施工进度安排

9)其他工程施工方案及流程

10)接线的施工组织设计

按现行《公路工程基本建设项目设计文件编制办法》执行。

11)全桥施工进度安排

5.2.10　第十一篇　施工监控及运营期结构安全监测

1　施工监控

1)监控内容及要求

2) 允许误差范围

2 运营期结构安全监测方案

1) 说明

(1) 监测内容,包括运营环境荷载以及交通荷载、桥梁结构静、动力响应等。

(2) 运营期结构安全监测系统总体布置方案。

(3) 各子系统组成、设备、规格及技术要求。

①传感器子系统;

②数据采集与传输子系统;

③数据处理与控制子系统;

④结构安全预警与评估子系统;

⑤用户界面与数据库子系统。

(4) 监测系统预留预埋件设计及主要材料、结构开孔开洞及密封措施。

(5) 监测系统与桥梁主体结构、机电工程、监控中心的相关工程界面划分。

2) 附图

运营期结构安全监测设计有关图纸。

5.2.11 第十二篇 桥梁用户手册

1 桥梁概况

2 桥梁运营主要设备布置

3 桥梁日常检查内容

4 桥梁定期检查内容

5 桥梁各部位养护的要求

6 桥梁非永久构件更换施工要求

7 运营期管理实施办法(包括桥梁灾害天气下的应对措施、特殊重载车辆过桥评估要求等)

附图根据需要设置。

5.2.12 第十三篇 施工图预算

按现行《公路工程基本建设项目概算预算编制办法》(JTG B06)和《公路工程预算定额》(JTG/T B06-02)及其他相关的规定编制。

5.3 附件

5.3.1 基础资料

(1) 根据本阶段工作深度要求,进一步开展的测量、气象、水文、地质等建设条件方面的成果资料。

(2) 进一步开展的关键技术方面的专题研究成果资料。

(3)其他。

5.3.2 相关文件

初步设计(或技术设计)批复意见、测设合同的必要内容、有关协议、评审意见、纪要等复印件,初步设计(或技术设计)阶段有关专题及本阶段专题研究报告的主要内容与结论摘录汇编等。

6 设计成果的提交

6.0.1 各阶段的设计文件幅面尺寸可采用297mm×420mm(横式)和210mm×297mm(立式)。设计文件应装订成册,以便于使用和管理。

各种设计图纸的幅面尺寸宜采用297mm×420mm,必要时可增大幅面,其尺寸应符合现行《道路工程制图标准》(GB 50162)的规定。送审的图纸应按297mm×420mm折叠;归档图纸也可按210mm×297mm折叠;交付施工的图纸可不折叠。

6.0.2 设计文件每册封面上一般应列出建设项目名称(或工程代号)、设计阶段及设计文件名称、册数(第××册 共××册)、测设单位名称。

设计文件每册扉页的内容应包括建设项目名称(或工程代号),设计阶段及设计文件名称、册篇组成,主办单位、勘察设计证书等级及编号、各级负责人签署,参加测设人员(技术人员以上)姓名、职务、职称,及工作项目或内容、设计文件编制年月。

设计文件每册应有总目录。

设计文件中的图表均应由相应资格的设计、复核、审核人员签署。

送审的设计文件封面颜色:初步设计为淡绿色,技术设计为粉红色,施工图设计为奶油白色或象牙白色。

6.0.3 桥梁平纵面缩图、平面图、纵断面图等的起讫方向均应从左到右,里程桩号由小到大,标注的字头向上,但地形图上的标注仍按测绘标注不变。

6.0.4 设计文件中的计量单位应采用《中华人民共和国法定计量单位》;公路工程名词应采用现行《公路工程技术标准》(JTG B01)、《公路工程名词术语》(JTJ 002)、《道路工程术语标准》(GBJ 124)及有关技术规范、规程所规定的名词,无规定时可采用习惯使用的名词。

6.0.5 所有重要的有价值的试验资料、设计计算资料,以及按保密法划分为密级以上的原始资料均不附入文件中,但应整理归档备查。

6.0.6 报送业主的设计文件份数为:初步设计10份,技术设计10份,施工图设计8份,如需要增加份数可与业主协商确定。

6.0.7 为便于公路工程特殊结构桥梁的建设、运营、养护等工作,业主可与设计单位协商,在提交纸质文件的同时,提交对应的电子文件。

1 提交的电子文件应与纸质文件完全一致,包括文件名称、版式、内容等。

2 电子文件保存格式应采用 PDF 等通用格式。

7　编制说明

1　全寿命周期设计

桥梁全寿命周期设计(Bridge life cycle design, BLCD)是指在桥梁设计中,针对规划、设计、施工、运营、管养、拆除或回收再利用的全过程,实现桥梁全寿命期内总体性能(功能、成本、人文、环境等)最优的设计。编制本办法时贯彻了桥梁全寿命周期设计的理念,根据近年来的研究成果和工程实践经验,提出了景观设计、设计使用年限、耐久性设计、风险评估、施工监控和运营期结构安全监测、桥梁养护手册等新的设计内容要求,并在初步设计阶段方案比选中,增加了全寿命周期成本的对比分析。与传统的桥梁设计相比,考虑因素和工作范围、深度都有所增加,这与本办法适用的特殊结构桥梁的技术难度、工程重要性等都是匹配的。

2　设计文件与可行性研究的关系

本办法对设计阶段的划分,系由批准的可行性研究报告开始的。鉴于工程建设项目可行性研究是基本建设程序中的重要组成部分,是编制设计文件的科学依据,因此测设单位在勘测设计和编制设计文件之前,应认真研究该项目可行性研究报告,了解工程建设意图和有关情况,使所编制的设计文件与可行性研究报告紧密衔接。

3　技术设计阶段

本办法针对结构特殊、技术难度大、建设条件复杂的特殊结构桥梁建设项目,以及由于新技术发展较快需论证设备选型,或尚需进一步专题研究试验的个别工程,在初步设计和施工图设计之间,增加技术设计阶段。

4　基础资料

由于工程技术越来越复杂,所开展的各项专题研究越来越多,成为设计文件不可或缺的技术支撑,因此本办法规定,在提供设计文件的同时,应将各项专题研究成果及基础资料一并提供。

5　耐久性设计

随着桥梁在运营过程中一系列病害的出现,以及使用环境的日趋不良化,"耐久性设计"越来越迫切和重要。本办法要求给出桥梁整体设计使用年限以及各构件的设计使用年限,并据此进行耐久性设计,在原有设计文件的组成上,增加了"耐久性设计"内容。

6　景观设计

《公路工程技术标准》(JTG B01—2014)和《公路桥涵设计通用规范》(JTG D60—2004)中都明确规定,特大桥梁、特殊桥梁宜进行景观设计,因此本办法在原有设计文件的组成上,增加了"景观设计"内容。

7 风险评估

风险评估要求是根据交通运输部"建立长大桥隧工程风险评估制度"的指示,在"公路长大桥隧建设风险评估管理办法"研究的基础上提出的,主要要求在设计、施工等建设阶段开展安全风险评估工作,加强风险管理和控制,有效降低风险事故发生的概率。

8 施工监控及运营期安全监测方案

根据全寿命周期设计理念,在设计阶段应统筹考虑施工监控及运营期安全监测的要求。

9 桥梁养护手册

根据全寿命周期设计理念,设计应提交给桥梁管理部门一本用户手册,以方便指导桥梁管理部门的养护和管理工作。